AF248241

COMITÉS CATHOLIQUES

DU NORD ET DU PAS-DE-CALAIS

ASSEMBLÉE GÉNÉRALE DE 1878

RAPPORT

SUR LES

FÊTES PATRONALES

DES MÉTIERS ET CORPS D'ÉTAT

présenté par

M. C. FÉRON-VRAU

dans la Séance du 28 Novembre 1878.

LILLE

IMPRIMERIE DE LEFEBVRE-DUCROCQ

rue Esquermoise, 57

1879

LES FÊTES PATRONALES

RAPPORT

sur les FÊTES PATRONALES des métiers et corps d'état

par M. FÉRON-VRAU

Messeigneurs,

Messieurs,

Il existe, à la bibliothèque municipale de Lille, un petit volume intitulé le *Trésor spirituel* ou Calendrier à l'usage de la ville de Lille pour l'année 1787.

A presque toutes les pages, nous retrouvons, dans ce calendrier, inscrites à leur date, les fêtes de saints qui réunissaient autrefois, dans nos églises et dans nos grandes chapelles de communautés, les patrons et les ouvriers des divers métiers et corps d'état, et l'on ne peut se défendre d'une émotion profonde au souvenir de ces cérémonies chrétiennes si nombreuses et si fréquentes, dont il ne reste aujourd'hui, dans notre chère ville de Lille, que de rares vestiges.

Les années ont peu à peu emporté les débris de ces coutumes chrétiennes des corporations et des confréries d'autrefois, et rien ne peut mieux faire ressortir le contraste entre le passé et le présent que le tableau des quarante-six fêtes patronales que l'on célébrait annuellement à Lille avant 1787.

LISTE DES PATRONS DES DIVERSES PROFESSIONS ET CORPS DE MÉTIERS

17 janvier.	S. Antoine, *abbé*.	Fête des sonneurs.
22 —	SS. Vincent et 'Anastase.	Fête du corps des fripiers.
25 —	Conversion de S. Paul.	Fête du corps des tourneurs, des manneliers et des cordiers.
3 février.	S. Blaise.	Fête des peigneurs de laine.
6 —	Ste Dorothée, *vierge et mart.*	Fête des jardiniers.
24 —	S. Mathias, *apôtre*.	Fête du corps des tonneliers.
19 mars.	S. Joseph.	Fête du corps des charpentiers.
30 avril.	Ste Catherine de Sienne, *v.*	Fête du corps des teinturiers.
2 mai.	S. Athanase, *évêque et conf.*	Fête du corps des couvreurs.
6 —	S. Jean devant la Porte-Lat.	Fête de la communauté des imprimeurs et libraires.
9 —	Trans. S. Nicolas, *évêqae.*	Fête du corps des grossiers, merciers, boutonniers, filtiers, galonniers, et celle des dentellières et des enfants.
16 —	S. Honoré, *évêque et conf.*	Fête du corps des boulangers.
19 —.	S. Yves, *confesseur*.	Fête des avocats, notaires, procureurs.
3 juin.	Fête de la Sainte-Trinité.	Fête du corps des tailleurs et des tailleuses.
13 —	S. Antoine de Padoue, *conf.*	Fête des faïenciers.
22 —	S. Paulin.	Fête du corps des ciriers.
24 —	Nativ. de S. Jean-Baptiste.	Fête du corps des poulaillers, pâtissiers, fruitiers et verdurières.
25 —	Translation de S. Éloi.	Fête des officiers de la monnaie et celle du corps des orfèvres, maréchaux, serruriers, chaudronniers, armuriers, ferblantiers, selliers, chartiers et cochers.
2 juillet.	Visitation de la Ste Vierge.	Fête du corps des charpentiers et des scieurs de bois.
14 —	S. Bonaventure.	Fête des serviteurs d'églises.
18 —	S. Arnould.	Fête du corps des brasseurs.
22 —	Ste Marie-Madeleine.	Fête du corps des épiciers et des apothicaires.
25 —	S. Jacques, *apôtre*.	Fête des tondeurs de draps et de couvertes.
26 —	Ste Anne.	Fête du corps des menuisiers et celle des couturières.
29 —	Ste Marthe.	Fête du corps des cabaretiers.
1er août.	S. Pierre-aux-Liens.	Fête du corps des bateliers.
6 —	Transfiguration de N. S.	Fête du corps des saïetteurs, bourgellettes et tisserands.

10 août.	S. Laurent.	Fête du corps des cuisiniers.
16 —	S. Roch	Fête du corps des fripiers.
24 —	S. Barthélémy, *apôtre*.	Fête du corps des tanneurs.
25 —	S. Louis, *roi*.	Fête du corps des perruquiers.
8 septembre.	Nativité de la Ste Vierge.	Fête du corps des cabaretiers au vin.
27 —	SS. Côme et Damien.	Fête du corps des chirurgiens.
29 —	S. Michel, *archange*.	Fête du corps des graissiers.
4 octobre	S. François d'Assise.	Fête du corps des drapiers.
18 —	S. Luc.	Fête des médecins et du corps des peintres, des vitriers et des barbouilleurs.
25 —	SS. Crépin et Crépinien.	Fête du corps des cordonniers et des savetiers.
28 —	SS. Simon et Jude.	Fête du corps des corroyeurs.
8 novembre.	SS. Quatre-Couronnés.	Fête du corps des maçons.
13 —	S. Homobon.	Fête du corps des tailleurs et tailleuses.
22 —	Ste Cécile.	Fête des musiciens et de ceux qui sont tenus à chanter l'office.
23 —	S. Clément.	Fête du corps des poissonniers.
25 —	Ste Catherine.	Fête du corps des charrons.
1er décembre.	S. Éloi.	Fête des officiers de la cour de la monnaie et celle du corps des orfèvres, des horlogers, des maréchaux, des serruriers, des chaudronniers, des armuriers, des ferblantiers, des selliers, des chartiers et des cochers.
4 —	Ste Barbe.	Fête du corps des canonniers et des chapeliers.
6 —	S. Nicolas.	Fête du corps des grossiers, merciers, filtiers et galonniers, et celle des enfants.

« Toutes ces fêtes patronales, dit M. Maurice Maignen,
» dans un rapport présenté, en 1872, au Congrès de Poi-
» tiers, sur la même question, ont été célébrées solennelle-
» ment par l'Eglise et par le peuple, pendant au moins six
» cents ans, jusqu'à la Révolution. Le peuple, éloigné de
» l'Eglise par l'ignorance et le mensonge, refuse de s'as-
» socier à ses autres fêtes, mais il n'a pas oublié celles-
» là et il ne peut se décider à y renoncer; et, si les
» ouvriers de certains corps d'état vont encore à la

» messe une fois dans l'année, ce n'est guère que le jour
» de la Saint-Joseph, de la Sainte-Anne, de la Saint-
» Eloi, qu'ils reconnaissent comme leurs patrons, mais
» sans plus savoir pourquoi. Ces fêtes sont le dernier
» vestige de l'union étroite qui existait autrefois entre
» l'Eglise et les travailleurs dans les anciennes corpora-
» tions. Elles forment donc un terrain favorable qui doit
» hâter le rapprochement du prêtre et de l'ouvrier. »
Ajoutons qu'elles pourraient aussi, comme nous le ver-
rons bientôt, servir à *rapprocher le patron et l'ouvrier*.

Mais, pour cela, il faut bien se hâter, de peur de voir
disparaître bientôt les restes des anciennes coutumes. Il
faudrait faire une enquête auprès des anciens ouvriers de
chaque corps d'état. On apprendrait d'eux, avec sur-
prise, qu'ils ont assisté autrefois à la messe de la corporation, que la coutume s'en est maintenue jusques il y
a vingt, ou trente, ou quarante ans; qu'il y avait deux
fêtes de Saint-Eloi pendant l'année, comme aussi deux
fêtes de Saint-Nicolas, etc., etc.

On pourrait sans doute encore, par une enquête pa-
tiente mais qu'il importerait de ne plus différer, faire
revivre, en des pages pleines d'intérêt, une partie de
notre passé lillois et des coutumes des patrons et des
ouvriers, nos aïeux.

En attendant ce travail, nous signalerons quelques
fêtes qui ont survécu à l'épreuve du temps, mais non
sans avoir perdu leur splendeur et surtout leur véritable
caractère.

La société des corps réunis de Saint-Eloi représente
bien certainement le vestige le plus intéressant et le plus
considérable de nos anciennes corporations. J'ai entre
les mains son dernier rapport, qui est daté du 7 février
1874.

Pendant la période décennale de 1864 à 1873, on a re-
cueilli, par voie de souscription ou de quête, environ

6,200 fr., qu'on a distribués en secours ou versés à l'œuvre des Invalides du travail. On célèbre, chaque année, le lundi qui suit le 1er décembre, une messe solennelle dans l'église Saint-Maurice. On y est invité par des lettres illustrées d'un très-beau et très-intéressant modèle portant les divers attributs des métiers, et, dans un médaillon, une scène inspirée par la légende de saint Eloi. Une société musicale prête son concours à la solennité : j'y vois les noms de la fanfare St-Maurice, la Concordia, la Cécilia, les Enfants d'Apollon. ·

Le lendemain mardi, il y a une matinée de messes pour le repos des âmes des confrères et des consœurs décédés.

On fait encore, chaque année, dans notre ville, des démarches auprès de plus de soixante patrons à l'effet de maintenir ces traditions.

J'ai tenu à signaler cet exemple remarquable de fidélité envers un passé dont il faudra bien, malgré tout, faire revivre le souffle chrétien, pour le salut de notre société moderne.

De même qu'il y avait autrefois la Saint-Eloi d'été et la Saint-Eloi d'hiver, il y avait aussi deux fêtes de St-Nicolas, l'une le 9 mai, l'autre le 6 décembre. C'était alors la fête du corps des grossiers, merciers, boutonniers, filtiers et galonniers, et celle des dentellières et des enfants. Aujourd'hui saint Nicolas n'est plus guère honoré que par les enfants, — et pour cause ! — Et le 9 mai, ou plutôt les lundi et mardi qui suivent le 9 mai, c'est le Broquelet; broquelet veut dire petite broche. C'est aujourd'hui le nom de la très-populaire fête d'autrefois, qui a perdu sa messe solennelle, ses messes pour les défunts, ses panégyriques, ses banquets joyeux et ses distributions d'aumônes aux orphelins, aux veuves, aux infirmes, aux vieillards. Tout cela a disparu, jusqu'au nom de St-Nicolas ; et il a fallu faire des efforts pour retrouver ce nom dans la mémoire des vieux ouvriers filtiers. Ils se souviennent qu'on terminait autrefois le Broquelet par une cérémonie aussi impie que grotesque, cérémonie qui consistait à jeter à l'eau un mannequin représentant saint Nicolas. Depuis qu'on a cessé de jeter à l'eau chaque année le patron du métier, il n'est plus, hélas ! question de lui.

Les deux jours du Broquelet sont deux jours de chômage que beaucoup passent dans le désordre. Les patrons profitent du chômage pour faire exécuter les réparations urgentes du matériel ou de l'atelier.

Des corps de métier d'autrefois, il ne reste plus d'ailleurs à Lille que les filtiers ; la mercerie est devenue un commerce, et ses divers articles font l'objet d'industries disséminées sur tous les points de la France. Les dentellières elles-mêmes ont disparu; les dernières d'entr'elles sont plus que septuagénaires, et la *fête du fuseau* n'est plus qu'un souvenir qui s'éteindra bientôt.

Il est vraisemblable que, après la suppression des corporations, les filtiers conservèrent leur fête, qui se défigura peu à peu, et que, lorsque les filatures de lin ou de coton s'établirent avec ou sans tissage, on adopta les jours de chômage des ouvriers filtiers.

Saint Jean Porte-Latine lui-même, patron des imprimeurs, a cessé d'être honoré le 6 mai ; mais les imprimeurs chôment au Broquelet.

Les ouvriers tisserands ont aussi abandonné leur fête du 6 août pour fêter le Broquelet.

Il était impossible d'être plus loin de la saine et religieuse tradition ; mais heureusement l'excès même du mal semble avoir provoqué une réaction.

L'an dernier, quelques ouvriers chrétiens de nos Cercles catholiques d'ouvriers conçurent le projet de rétablir, au jour du Broquelet, la messe solennelle de la corporation. Huit cents cartes d'invitation furent répandues ; on y lisait simplement cet avis : « A l'occasion

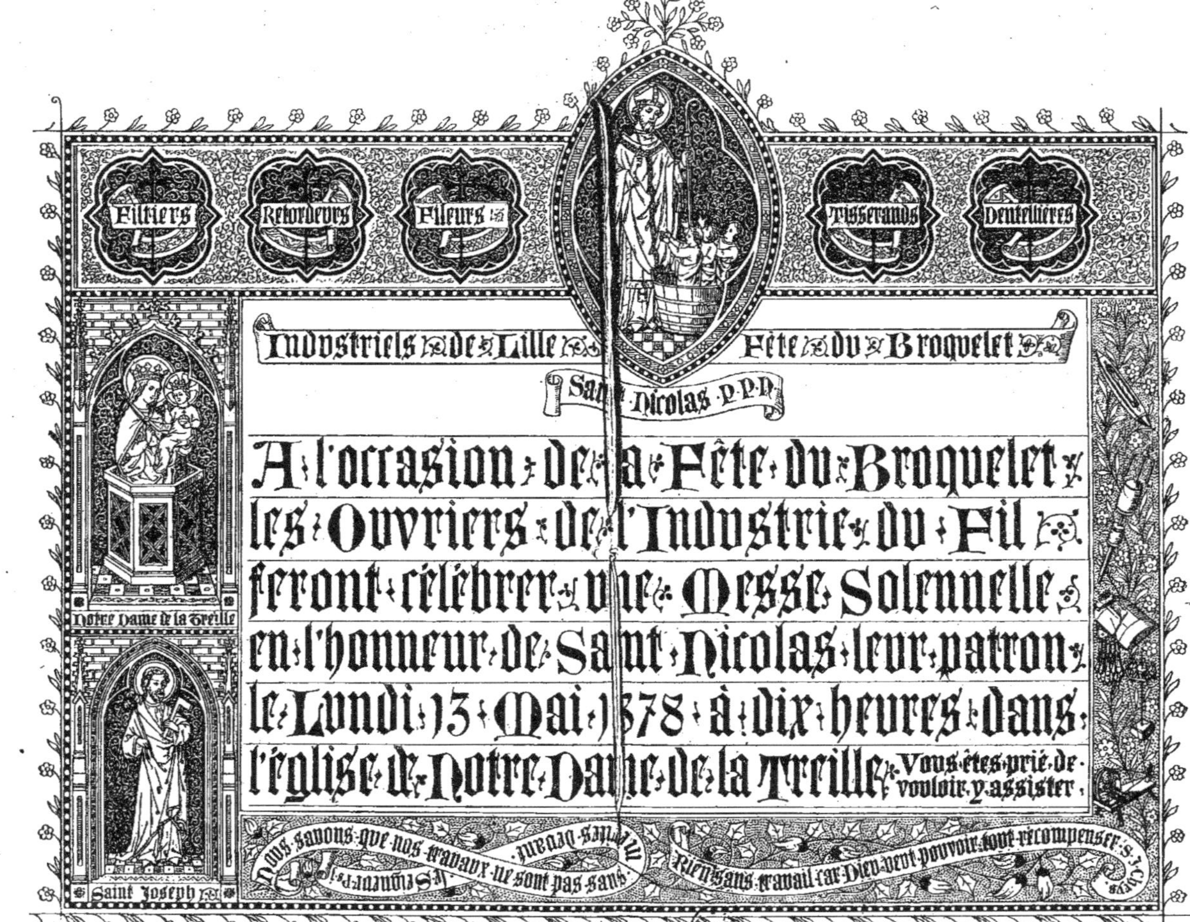

Filtiers
Retordeurs
Fileurs
Tisserands
Dentellières
Notre Dame de la Treille
Saint Joseph
Industriels de Lille — Fête du Broquelet
Saint Nicolas P.P.N.
A l'occasion de la Fête du Broquelet
les Ouvriers de l'Industrie du Fil
feront célébrer une Messe Solennelle
en l'honneur de Saint Nicolas leur patron
le Lundi 13 Mai 1878 à dix heures dans
l'église de Notre Dame de la Treille. Vous êtes prié de
vouloir y assister.
Nous savons que nos travaux ne sont pas sans Mérite devant Nu Seigneur. Rien sans travail car Dieu peut pouvoir tout récompenser. S. J. Chrys.

de la fête du Broquelet et à l'exemple d'autres corps de métiers, les ouvriers de l'industrie du fil feront célébrer une messe solennelle en l'honneur de saint Nicolas, leur patron, le lundi 14 mai 1877, à neuf heures, dans l'église de Notre-Dame de la Treille »

L'appel fut entendu au delà de toute espérance : il y eut beaucoup de monde. Avec quelques fonds recueillis, on avait acheté une riche bannière représentant saint Nicolas, patron de la corporation de l'industrie du fil. On plaça cette bannière dans le chœur, pendant la messe.

On ne pouvait plus douter du succès, et l'on résolut de faire mieux encore cette année.

Quelques patrons chrétiens, associés dans la pensée d'étudier ensemble et de mieux remplir leurs obligations envers leurs ouvriers, résolurent de soutenir l'élan et de donner plus d'éclat à la messe solennelle en l'honneur de saint Nicolas.

Une commission d'ouvriers fut formée, à laquelle s'adjoignirent deux patrons pour préparer la fête. On voulut, comme la société des corps réunis de Saint-Eloi, avoir sa lettre d'invitation illustrée. Elle est l'œuvre très-remarquable d'un grand artiste chrétien de Gand, M. le baron Béthune d'Ydewalle. Un journal de notre ville en a donné une description très fidèle. On en distribua plus de six mille. Une liste des patrons fut dressée avec le plus grand soin ; cinquante-sept d'entr'eux accueillirent plus ou moins favorablement l'invitation d'assister à la messe et la demande d'autoriser une distribution des lettres d'invitation dans leurs ateliers. Les six mille exemplaires furent bien vite épuisés ; il fallut en faire la distribution au prorata des demandes ; le temps manquait pour la réimpression et aussi pour de nouvelles démarches auxquelles il eût été impossible de satisfaire.

On arriva ainsi au 13 mai 1878, jour de la fête. Voici le compte-rendu fidèle qu'en donna le lendemain le journal *La Vraie France*.

« Cette touchante solennité avait réuni une assistance
» considérable; près de trois mille ouvriers avaient ré-
» pondu à l'appel de leurs camarades organisateurs de la
» fête, et se pressaient dans les nefs de la grande basi-
» lique....

» Leurs patrons avaient aussi tenu à honneur d'ac-
» cepter leur invitation et se trouvaient assez nombreux
» aux places qui leur avaient été réservées.

» Le saint sacrifice de la messe a été célébré par M. le
» chapelain Delassus.

» A l'évangile, le R. P. Marquigny est monté en chaire.
» Prenant pour texte cette parole de saint Paul : « Nous
» savons que nos travaux ne sont pas sans mérite devant
» le Seigneur », que les ouvriers avaient choisie pour
» devise, l'éloquent apôtre des classes ouvrières a montré,
» dans une substantielle allocution, quelle est la supério-
» rité de la notion chrétienne du travail sur les théories
» de nos modernes économistes.

» D'après les enseignements de notre foi, le travail doit
» être surtout considéré comme un devoir qui, vaillamment
» et religieusement rempli, nous vaut une récompense
» divine. C'est ainsi que l'Église a relevé le travail de l'état
» de mépris où il était tombé dans le monde païen.

» Ce qui était seulement réservé aux esclaves est devenu
» un honneur devant les hommes et une source de mérites
» devant Dieu. Les adversaires de l'Église qui, la plupart
» du temps, ne connaissent point nos doctrines ou qui
» n'hésitent point à les dénaturer, prétendent que le
» christianisme a rabaissé le travail en le représentant
» comme le châtiment de la première faute. Non, le travail
» est une loi nécessaire de la création, loi préexistante
» au péché originel et conséquence de cette parole divine
» qui a établi l'homme roi de la création : « Remplissez la
» terre et soumettez-la ; assujettissez à votre domination
» les poissons de la mer, les oiseaux du ciel et tous les

» animaux de la terre. » Après la faute originelle, le
» caractère d'expiation s'est attaché sans doute à notre
» labeur ; mais il est resté l'instrument du règne de
» l'homme sur la création et il est aussi devenu le moyen
» le plus efficace de mériter les récompenses célestes.

« Voilà le travail tel que le comprend l'Église ; il a pour
» but principal, suivant le mot de Jésus-Christ, de
« chercher *premièrement* le royaume de Dieu », mais non
» pas *uniquement*, et Dieu ne défend pas à l'homme d'avoir
» souci des choses d'ici bas ; au travail accompli dans
» l'esprit chrétien il accorde son assistance et ses béné-
» dictions.

» Combien les théories de l'économie moderne sont
» inférieure à cette notion chrétienne du travail ! Les
» modernes utopistes ont dit à l'ouvrier que « jouir est la
» destinée de la vie humaine, que le travail a pour but
» d'amasser avidement, sans souci de Dieu ni de l'âme,
» les trésors matériels à l'aide desquels s'achète la félicité
» terrestre. » De pareilles théories n'ont-elles pas pour
» résultat de rabaisser le travail ? Sont-elles dignes du
» chrétien ? Sont-elles dignes de l'homme ?

« L'industrie a trop souvent oublié les enseignements
» de l'Église. Mais il est aujourd'hui permis d'espérer
» qu'après de funestes déviations, le travail se réconciliera
» avec les lois fondamentales de l'ordre divin ; dans
» plusieurs centres industriels, des groupes d'ouvriers
» et de patrons, unis dans un même sentiment religieux,
» répondent à l'appel qui leur est fait au nom de Jésus-
» Christ. C'est ainsi que par la prière, la charité frater-
» nelle, la soumission aux lois de l'Évangile, l'industrie
» sera purifiée des vices qui ont trop souvent souillé l'éclat
» de ses grandeurs ; c'est aussi par la bonne entente des
» maîtres et des ouvriers, s'étendant du domaine religieux
» aux questions professionnelles que la concorde sera
» partout rétablie et se perpétuera sous les auspices des
» saints patrons du travail

« Cette allocution dont nous venons de donner un
» résumé rapide, prononcée avec cette éloquence fami-
» lière, chaleureuse, pénétrante du R. P. Marquigny,
» lorsqu'il se trouve en présence de ses auditeurs favoris,
» les ouvriers, a produit une grande impression. La thèse
» si profonde et si vraie, soutenue avec tant d'à-propos
» par l'éminent orateur, renferme la véritable solution
» du problème social. C'est encore l'Église du Christ qui
» sera le trait d'union entre ces classes sociales dont le
» rationalisme et l'athéisme feraient d'irréconciliables
» ennemis. »

» Après la messe, M. le chapelain a béni la bannière
» de la nouvelle confrérie, et a donné ensuite la béné-
» diction du Saint-Sacrement.

» Quel exemple à imiter! Il y avait autrefois à Lille
» quarante six fêtes patronales de métiers ; combien de
» confréries pourraient encore se créer, à l'exemple de
» celle qui vient de s'affirmer si chrétiennement à son
» début ! »

Telle a été, Messieurs, la fête de Saint-Nicolas à Lille.
Un compte-rendu rapide en a aussi été fait dans la
Revue de l'Association catholique du 15 juin dernier ;
mais il nous a semblé utile d'en reproduire le tableau
pour mieux indiquer les préliminaires de la fête et en
faire ressortir quelques fécondes conclusions.

Réunir devant le saint autel, une fois par an, les patrons et les ouvriers d'un même groupe peut sembler être
un résultat assez mince et sans influence au point de vue
de la réconciliation sociale. Il m'a semblé que c'était tout
le contraire. On a vu cinquante-sept patrons d'un même
groupe reconnaître qu'il est bon de se réunir, patrons et
ouvriers, dans la même pensée religieuse, ou tout au
moins qu'il est bon de rendre Jésus-Christ aux ouvriers,
et on a vu plusieurs milliers d'ouvriers répondre à l'invitation qui leur était faite. On leur a rendu Jésus-Christ.

Beaucoup disaient avant la fête : « Nous aurons enfin notre messe comme les ouvriers de saint Eloi. »

Enfin nous avons eu une nouvelle preuve que la foi n'est pas assoupie dans les classes ouvrières, que le peuple est tout disposé à répondre aux avances qu'on voudra bien lui faire si on va à lui avec franchise et affection, au nom de notre sainte religion. C'est aux patrons de montrer l'exemple, de faire, les premiers, tous leurs efforts et tous les sacrifices en faveur des ouvriers ; ceux-ci ne manqueront pas d'y répondre, et la réconciliation sera complète.

En attendant, on a célébré, le 29 juillet suivant, grâce à l'initiative d'un prêtre dévoué de notre ville, une deuxième fête ouvrière. La messe solennelle en l'honneur de sainte Anne a été dite dans l'église Saint-Maurice. Une lettre d'invitation, chef-d'œuvre du même artiste, avait été répandue, encore en trop petite quantité, parmi les couturières, lingères, fleuristes, brodeuses, blanchisseuses et tullistes. Le R. P. Marquigny, cette fois encore, monta en chaire et adressa à l'auditoire une admirable allocution.

Diverses circonstances ont empêché la Sainte-Anne qui devait être célébrée par les menuisiers dans une autre église ; la Saint-Arnould par les brasseurs, le 18 juillet ; la Saint-Luc, le 18 octobre, par les peintres, les vitriers et les barbouilleurs (comme parle le calendrier de 1787).

Nous espérons voir s'organiser ces diverses fêtes patronales pour 1879, et hâter par elles le retour de la confrérie des siècles chrétiens.

Il nous a semblé que les autres centres industriels pouvaient facilement suivre cet exemple de Lille. Que partout l'on se mette à l'œuvre ! Ressuscitons les souvenirs, et recueillons avec une pieuse ardeur les traditions presque effacées des anciennes confréries. Créons de toutes pièces, s'il le faut, les éléments d'une tradition chrétienne qu'il

importe de léguer à l'avenir. Imitons la foi de nos pères
qui associaient les saints à toutes leurs opérations com-
merciales et industrielles, et les instituaient les protec-
teurs de leurs intérêts, de leurs familles et de leurs
ouvriers.

« Le patronage des saints patrons du travail avait ob-
» tenu, pour l'ouvrier, des siècles de foi religieuse, de
» dignité sociale et de bien-être matériel ! Il a tout perdu
» depuis qu'il ne les invoque plus...

« Saints patrons du travail, nous voulons restaurer
» vos fêtes profanées, répéter vos louanges oubliées,
» saluer vos noms vénérés des ouvriers chrétiens nos
» aïeux !

» Ils tressailleront de joie dans leurs tombes en enten-
» dant nos chants de fête, en voyant se réveiller la fra-
» ternité chrétienne des maîtres et des compagnons mar-
» chant unis et réconciliés sous leurs bannières rajeunies.

» Saints patrons du travail, aidez-nous, protégez-
» nous ! Sauvez les ouvriers, vos enfants et vos frères ! [1]...
» Saints patrons du travail, priez pour nous ! »

1 M. Maurice Maignen, Congrès de Poitiers.